Trauer
überleben

LEONARDO TAVARES

Trauer
überleben

TRAUER ÜBERLEBEN
© Copyright 2023 – Leonardo Tavares

Alle Rechte vorbehalten. Kein Teil dieses Buches darf reproduziert, in einem Abrufsystem gespeichert oder in irgendeiner Form – elektronisch, mechanisch, durch Fotokopieren, Aufzeichnen, Scannen oder auf andere Weise – übertragen werden, außer durch kurze Zitate in kritischen Rezensionen oder Artikeln, ohne vorherige schriftliche Genehmigung des Herausgebers.

Unter keinen Umständen kann dem Herausgeber oder Autor eine Schuld oder rechtliche Haftung für Schäden, Entschädigungen oder finanzielle Verluste zugeschrieben werden, die sich aus den in diesem Buch enthaltenen Informationen ergeben, sei es direkt oder indirekt.

Impressum:

Dieses Buch ist urheberrechtlich geschützt. Es ist nur für den persönlichen Gebrauch bestimmt. Ohne die Zustimmung des Autors oder Herausgebers ist es Ihnen nicht gestattet, Teile oder Inhalte dieses Buchs zu verändern, zu verbreiten, zu verkaufen, zu verwenden, zu zitieren oder zu paraphrasieren.

Haftungsausschluss:

Bitte beachten Sie, dass die hierin enthaltenen Informationen ausschließlich Bildungs- und Unterhaltungszwecken dienen. Es wurden alle Anstrengungen unternommen, genaue, aktuelle und zuverlässige Informationen bereitzustellen. Es wird keine Gewährleistung irgendeiner Art angegeben oder impliziert. Die Leser erkennen an, dass der Autor keine rechtliche, finanzielle, medizinische oder andere professionelle Beratung anbietet. Der Inhalt dieses Buches wurde aus verschiedenen Quellen abgeleitet. Konsultieren Sie einen lizenzierten Fachmann, bevor Sie die in diesem Buch beschriebenen Techniken ausprobieren.

Durch die Lektüre dieses Dokuments erklärt sich der Leser damit einverstanden, dass der Autor unter keinen Umständen für direkte oder indirekte Verluste verantwortlich ist, die durch die Verwendung der in diesem Dokument enthaltenen Informationen entstehen, einschließlich, aber nicht beschränkt auf Fehler und Auslassungen oder Ungenauigkeiten.

Alle unsere Bücher durchlaufen umfangreiche Qualitätsprüfungen. Sollten Sie in diesem Buch dennoch Tipp- oder Satzfehler finden, freuen wir uns über einen entsprechenden Hinweis an realleotavares@gmail.com

Dieser Titel kann in großen Mengen für kommerzielle oder pädagogische Zwecke erworben werden. Für weitere Informationen senden Sie bitte eine E-Mail an realleotavares@gmail.com.

Erster Eindruck 2023.

Möge dieses Buch eine Umarmung sein,
Ein Trost für das verletzte Herz,
Möge es Gewissheit bringen,
Dass der Schmerz mit Liebe überwunden werden kann.

Es gibt kein endgültiges Lebewohl,
Denn die Verbindung, die wir zu denjenigen haben, die wir lieben,
Geht über den Tod hinaus, über Zeit und Raum,
Und wird zu einer ewigen Quelle der Inspiration und Liebe.

Möge die Sehnsucht in Freude verwandelt werden,
Und die Erinnerung ein Schatz sein,
Mögen Tränen durch Liebe getrocknet werden,
Und möge das Licht den Weg derer erleuchten, die leiden.

Dieses Buch ist eine Hommage
An all diejenigen, die bereits gegangen sind,
Und an all diejenigen, die Trauer durchleben,
Möge es eine Quelle des Trostes und der Hoffnung sein.

Und dass wir, auch in den schwierigsten Momenten,
Kraft und Mut finden mögen, weiterzugehen,
Um die Erinnerung an diejenigen, die wir lieben, zu ehren,
Und um unser Leben mit Liebe, Dankbarkeit und Freude zu leben.

Zum Gedenken an Fernanda Tavares.

INHALT

Vorwort 11
1. Der Beginn des Schmerzer 13
2. Die Phasen der Trauer 19
3. Die Leugnung 25
4. Die Wut.. 31
5. Das Handeln 35
6. Die Depression 41
7. Die Akzeptanz 45
8. Die Bedeutung des Erlaubens von Gefühlen 49
9. Die Unterstützung der Familie und der Freunde 53
10. Die Bedeutung der Selbstfürsorge 57
11. Die Traurigkeit, die kommt und geht 61
12. Die Ewige Sehnsucht... 65
13. Die Suche nach einer neuen Bedeutung des Lebens 71
14. Die Spiritualität... 75
15. Das Schuldgefühl.. 81
16. Die Rolle der Therapie.. 87
17. Die Überwindung.. 93
18. Das Erbe 99
19. Die Hoffnung 103
Fazit 109
Über den Autor... 111

VORWORT

Ich habe dieses Buch geschrieben, um es mit euch, meinen Lesern, zu teilen, was ich durch viel Leid und den Lauf der Zeit erlebt und gelernt habe.

Der Verlust eines wichtigen Menschen kann eine der härtesten Erfahrungen im Leben sein. Die Trauer ist eine natürliche und gesunde Reaktion auf diesen Verlust, aber sie kann ein sehr schmerzhafter und herausfordernder Prozess sein. In "Überleben der Trauer" werden wir gemeinsam die verschiedenen Aspekte des Trauerprozesses erkunden und wie man gesund und konstruktiv damit umgeht.

Ihr werdet auch wertvolle Informationen über die Phasen der Trauer, den Umgang mit Verlust, die Auswirkungen der Trauer auf die psychische Gesundheit, die Bedeutung sozialer Unterstützung im Trauerprozess und vieles mehr finden.

Ich wünsche mir, dass dieses Buch Trost, Hoffnung und Frieden für diejenigen bringen kann, die durch den Trauerprozess gehen. Möge es euch daran erinnern, dass ihr nicht allein seid und dass es möglich ist, selbst in den dunkelsten Situationen Licht zu finden.

Denkt immer daran, dass die Liebe stärker ist als der Tod und dass die Liebe niemals stirbt.

KAPITEL 1
DER BEGINN
DES SCHMERZER

AUCH IN DEN
DUNKELSTEN
NÄCHTEN GIBT
ES EIN LICHT,
DAS IN DIR SCHEINT
UND DICH
IN RICHTUNG
HEILUNG LEITET.

Das Leben besteht aus Höhen und Tiefen. Momente der Freude und des Glücks werden durch Momente der Trauer und des Schmerzes ausgeglichen. Leider ist der Verlust ein unvermeidlicher Teil des Lebens. Jeder von uns wird irgendwann den Schmerz des Verlusts eines geliebten Menschen erleben.

Der Beginn des Schmerzes ist eine sehr schwierige und verwirrende Phase. Wenn wir die Nachricht vom Verlust erhalten, fühlen wir uns oft benommen und orientierungslos. Der Schmerz ist intensiv und scheint unerträglich. Es ist, als ob der Boden unter unseren Füßen verschwunden wäre.

Anfangs kann es schwer sein zu glauben, dass die Person, die wir lieben, gegangen ist. Wir können uns fühlen, als wären wir in einem Albtraum gefangen und könnten nicht aufwachen. Es ist ein Gefühl der Unwirklichkeit, das nie zu vergehen scheint.

Die Verleugnung ist eine der ersten Reaktionen, die wir angesichts des Verlusts erleben. Es ist eine Form des emotionalen Schutzes, ein Versuch, uns vor Schmerz und Leid zu schützen. Es ist, als ob wir die Realität des Verlusts nicht akzeptieren könnten.

Aber im Laufe der Zeit setzt sich die Realität durch. Der Schmerz wird stärker und intensiver. Traurigkeit und Sehnsucht treffen uns hart, und wir beginnen zu begreifen. In diesem Moment wird der Schmerz schärfer, intensiver und schwer zu ertragen.

Der Schmerz der Trauer ist ein anderer Schmerz als alle anderen. Es ist ein tiefer Schmerz, der uns auf allen Ebenen betrifft: körperlich, emotional, mental und spirituell. Es ist, als ob unsere Welt zusammengebrochen wäre und nichts mehr einen Sinn hätte.

Es ist normal, während des Trauerprozesses eine Vielzahl intensiver und widersprüchlicher Emotionen zu erleben. Wir können traurig, wütend, verwirrt, verzweifelt, verloren und vieles mehr fühlen. Manchmal können wir sogar Erleichterung empfinden, besonders wenn die Person, die gegangen ist, gelitten hat oder in einer schwierigen Situation war.

Diese Emotionen können überwältigend und schwer zu bewältigen sein. Manchmal fühlen wir uns, als wären wir dem Wahnsinn nahe. Aber es ist wichtig zu bedenken, dass diese Emotionen normal sind und Teil des Trauerprozesses sind.

Jeder Mensch geht mit der Trauer auf seine eigene Art und Weise um. Es gibt keine richtige oder falsche Art zu fühlen oder den Schmerz auszudrücken. Jeder von uns hat das Recht, den Schmerz des Verlusts auf seine eigene Weise zu erleben.

Es ist wichtig zu bedenken, dass der Trauerprozess nicht linear verläuft. Es gibt keine klare Abfolge von Stadien, die wir durchlaufen müssen. Stattdessen ist der Trauerprozess ein komplexer und vielschichtiger Prozess, der Höhen und Tiefen beinhaltet.

Manchmal fühlen wir uns für eine Weile besser, nur um dann erneut von Traurigkeit und Sehnsucht getroffen zu werden. Es ist ein Prozess aus Höhen und Tiefen, Fortschritten und Rückschlägen.

Der Beginn des Schmerzes ist nur der Anfang des Trauerprozesses. Es ist ein Moment des Schocks, der Verleugnung und der Verwirrung. Es ist der Moment, in dem die Realität sich durchzusetzen beginnt und der Schmerz realer und intensiver wird.

Es ist wichtig, sich zu erlauben, den Schmerz zu spüren und nicht zu versuchen, ihn zu unterdrücken oder zu verleugnen. Es ist notwendig, gesunde Wege zu finden, um mit dem Schmerz und dem Leiden umzugehen. Dies kann das Weinen, das Gespräch mit Freunden und Familie, die Suche nach professioneller Hilfe, das Ausdrücken des Schmerzes durch Kunst oder Schreiben und vieles mehr beinhalten.

Es gibt keinen richtigen oder falschen Weg, mit der Trauer umzugehen. Jeder Mensch hat seine eigene Art, mit dem Schmerz umzugehen. Es ist wichtig, seinen eigenen Trauerprozess zu respektieren und sich Zeit zur Heilung zu nehmen.

In dieser Zeit des Schmerzes ist es normal, über den Sinn des Lebens und die Existenz eines größeren Plans nachzudenken. Diese Fragen können schwer zu beantworten sein, aber es ist wichtig, Bedeutung und Zweck im Leben zu suchen, auch inmitten des Verlusts.

Der Verlust ist ein unvermeidlicher Teil des Lebens, aber die Liebe und die Erinnerungen, die wir mit der Person geteilt haben, bleiben für immer bei uns. Es ist wichtig, das Gedächtnis an den geliebten Menschen zu ehren und seine Präsenz in unseren Herzen lebendig zu halten.

Denkt daran, dass ihr nicht allein seid. Es gibt viele Menschen um uns herum, die uns lieben und sich um uns kümmern. Sucht Unterstützung und Trost, wann immer ihr sie braucht.

KAPITEL 2
DIE PHASEN DER TRAUER

DIE TRAUER
IST EINE
KOMPLEXE REISE,
UND JEDER
ABSCHNITT
IST EIN SCHRITT
RICHTUNG
INNEREN
FRIEDEN.

Wenn eine Person einen bedeutenden Verlust erleidet, wie den Tod eines geliebten Menschen, ist es üblich, eine Reihe von emotionalen Phasen zu durchlaufen, die als Phasen der Trauer bekannt sind. Obwohl nicht alle Menschen alle diese Phasen erleben oder in derselben Reihenfolge, kann das Verständnis dieser Phasen der Person helfen, ihre eigenen Gefühle zu verstehen und zu wissen, was sie auf ihrer Trauerreise erwartet.

Verleugnung

Die erste Phase der Trauerphasen ist die Verleugnung. In dieser Phase kann die Person sich weigern zu glauben, dass der Verlust tatsächlich eingetreten ist. Dies kann von Gefühlen des Schocks, der Verwirrung und der Desorientierung begleitet sein. Es ist üblich, dass Menschen benommen sind und sich nicht in der Lage fühlen, vollständig zu verarbeiten, was passiert ist.

Wut

Wut ist eine weitere häufige Phase der Trauer. In dieser Phase kann die Person sich wütend und frustriert fühlen. Sie können nach Schuldigen für ihren Verlust suchen oder wütend auf die verstorbene Person sein. Sie können sich ungerecht behandelt fühlen oder das Leben als ungerecht empfinden.

Feilschen

In der Feilschungsphase kann die Person versuchen, Abkommen mit Gott oder dem Leben zu schließen, um den Schmerz des Verlusts zu vermeiden. Sie könnten sich fragen, was sie anders hätten tun können, um den Tod des geliebten Menschen zu verhindern. Es ist üblich, dass Menschen verzweifelt versuchen, das Verlorene zurückzugewinnen und daher versuchen, mit ihren Emotionen zu verhandeln.

Depression

Die Depression ist eine weitere Phase der Trauer. In dieser Phase kann die Person tiefe Traurigkeit und Hoffnungslosigkeit verspüren. Sie können sich allein und isoliert fühlen, auch wenn sie von Freunden und Familie umgeben sind. Die Depression kann von Weinen, Schlaflosigkeit, Appetitlosigkeit und Erschöpfung begleitet sein.

Akzeptanz

Schließlich ist die letzte Phase der Trauerphasen die Akzeptanz. In dieser Phase beginnt die Person, die Realität des Verlusts zu akzeptieren und einen Weg zu finden, weiterzumachen. Sie könnten beginnen, die Zukunft ohne die verstorbene Person zu planen und wieder Sinn im Leben zu finden.

Obwohl nicht alle Menschen alle diese Phasen durchlaufen und einige Menschen sie in einer anderen Reihenfolge durchlaufen können, ist es wichtig zu bedenken, dass die Trauer ein persönlicher und einzigartiger Prozess für jede Person ist. Es gibt keine richtige oder falsche Art zu fühlen oder durch diesen Prozess zu gehen. Es ist wichtig, sich zu erlauben, alle aufkommenden Emotionen zu spüren und Wege zu finden, um gesund damit umzugehen.

In den nächsten Kapiteln werde ich jede Phase des Trauerprozesses vorstellen und die notwendigen Empfehlungen geben, um Ihnen zu helfen, durch diese eine der schwierigsten Zeiten in unserem Leben zu navigieren.

KAPITEL 3
DIE LEUGNUNG

DER KONFRONTATION MIT DER WAHRHEIT IST DER ERSTE SCHRITT, UM DIE LEUGNUNG IN KRAFT ZU VERWANDELN.

Wenn wir jemanden verlieren, den wir lieben, ist es natürlich, dass wir Schwierigkeiten haben, mit der Realität des Verlusts umzugehen. In vielen Fällen ist die Leugnung eine der ersten Reaktionen, die auftreten. Die Leugnung ist eine Form des Selbstschutzes, ein Versuch, die Illusion aufrechtzuerhalten, dass die Person immer noch in unserem Leben präsent ist. Die Leugnung kann jedoch ein Hindernis für den Trauerprozess und unsere Fähigkeit sein, mit dem Verlust umzugehen.

Die Leugnung ist eine häufige Phase des Trauerprozesses. Wenn wir jemanden verlieren, fällt es schwer, die Realität des Verlusts zu akzeptieren. Es ist normal zu fühlen, dass die Person immer noch in unserem Leben ist oder zu hoffen, dass sie zurückkehrt. In dieser Phase kann es schwierig sein zu glauben, dass der Verlust dauerhaft ist.

Die Leugnung kann sich auf verschiedene Weisen manifestieren. Einige Menschen können sich weigern, die Realität des Verlusts zu akzeptieren, indem sie die Tatsachen ignorieren oder vermeiden, darüber nachzudenken. Andere können so tun, als ob nichts passiert wäre, indem sie ihre normalen Routinen beibehalten und vermeiden, über den Verlust zu sprechen. Die Leugnung kann sich sogar als eine Form von Ärger oder Wut manifestieren, wenn wir den Verlust nicht akzeptieren wollen und jemanden oder etwas suchen, dem wir die Schuld geben können.

Die Leugnung kann ein vorübergehender Abwehrmechanismus sein, aber sie kann zu einem Hindernis für den Trauerprozess werden. Wenn wir die Realität des Verlusts leugnen, hindern wir uns daran, die mit dem Verlust verbundenen Emotionen und Gefühle zu verarbeiten. Wir verschieben den Schmerz und das Leiden, was den Trauerprozess verlängern und die Genesung erschweren kann.

Es ist wichtig zu verstehen, dass die Leugnung eine normale Phase des Trauerprozesses ist, aber es ist notwendig, ihr ins Auge zu sehen und sie zu überwinden, um voranzukommen. Die Akzeptanz des Verlusts ist ein wichtiger Schritt im Trauerprozess, der es uns ermöglicht, unser Leben ohne die verlorene Person wieder aufzubauen. Wenn wir den Verlust akzeptieren, geben wir Raum, um die Emotionen zu fühlen und die Gefühle von Trauer und Sehnsucht zu verarbeiten. Wir erlauben dem Trauerprozess, seinen natürlichen Verlauf zu nehmen.

Es gibt verschiedene Strategien, die helfen können, mit der Leugnung im Trauerprozess umzugehen. Es ist entscheidend, gesunde Möglichkeiten zu finden, mit den Emotionen umzugehen. Körperliche Aktivitäten wie Wandern oder Yoga können helfen, Stress und Angst abzubauen. Sich künstlerisch auszudrücken, sei es durch Schreiben, Musik oder visuelle Kunst, kann eine kraftvolle Möglichkeit sein, die Emotionen zu verarbeiten und Sinn im Verlust zu finden.

Die Suche nach Hilfe und Unterstützung von nahestehenden Personen, Freunden und Familienangehörigen wird helfen, sich an den Verlust anzupassen. Es ist wichtig, über den Verlust zu sprechen und die mit ihm verbundenen Emotionen und Gefühle auszudrücken. Die Therapie kann auch ein nützliches Werkzeug sein, um mit der Leugnung und den anderen Phasen der Trauer umzugehen.

Schließlich kann die Teilnahme an Unterstützungsgruppen für Menschen, die den gleichen Prozess durchmachen, eine wertvolle Unterstützungsquelle sein. Das Treffen von anderen, die den gleichen Prozess durchmachen, kann helfen, sich verstanden und unterstützt zu fühlen, und bietet die Möglichkeit, Lebenserfahrungen zu teilen.

KAPITEL 4
DIE WUT

WUT IST WIE EIN INNERES FEUER, VERWANDLE SIE IN TREIBSTOFF FÜR DEIN WACHSTUM.

Wut ist eine der stärksten Emotionen, die wir erleben, wenn wir den Trauerprozess durchlaufen. Sie kann aus verschiedenen Gründen auftauchen, von dem Gefühl der Ungerechtigkeit über den Verlust bis zur Frustration darüber, keine Gelegenheit zum Abschiednehmen gehabt zu haben. Unabhängig von der Ursache kann Wut intensiv sein und schwer zu bewältigen.

Wenn wir jemanden verlieren, haben wir oft das Gefühl, dass wir über nichts Kontrolle haben. Das Leben scheint uns einen Streich gespielt zu haben und uns in eine unerwartete und ungerechte Situation gebracht zu haben. Wut kann eine natürliche Reaktion auf dieses Gefühl der Ohnmacht und Hilflosigkeit sein.

Zudem wird Wut oft auf andere Menschen gerichtet. Wir können wütend auf die Ärzte sein, die unseren geliebten Menschen nicht retten konnten, auf die Familienmitglieder, die nicht da waren, oder sogar auf die Person, die gestorben ist und uns alleine zurückgelassen hat. Es ist wichtig zu bedenken, dass diese Gefühle weder gut noch schlecht sind; sie existieren einfach und müssen verarbeitet werden.

Die Wut kann jedoch zu einem Hindernis für den Trauerprozess werden, wenn sie nicht gesund ausgedrückt und verstanden wird. Wenn wir die Wut in uns behalten, kann sie sich in Groll und Bitterkeit verwandeln und letztendlich unsere Beziehungen zu anderen Menschen und unsere eigene geistige Gesundheit beeinträchtigen.

Ein Weg, um mit der Wut umzugehen, besteht darin, sich zu erlauben, sie zu spüren. Es ist normal und gesund, Wut bei einem bedeutsamen Verlust zu empfinden. Wir sollten uns erlauben, diese Emotion zu erleben, sie sicher auszudrücken und zu verstehen. Wir können professionelle Hilfe suchen, mit Freunden und Familienmitgliedern sprechen oder sogar über das schreiben, was wir fühlen. Die Hauptsache ist, die Wut nicht unsere Handlungen und unser Leben kontrollieren zu lassen.

Eine andere Möglichkeit, mit der Wut umzugehen, besteht darin, Wege zu finden, sie auf positive Weise zu kanalisieren. Wir können diese Energie nutzen, um Dinge in unserem Leben zu verändern, die uns stören, körperliche Aktivitäten oder ehrenamtliche Arbeit zu machen oder sogar etwas Neues zu schaffen. Wut kann eine Motivationsquelle sein, wenn wir sie gesund nutzen können.

Wisse, dass die Wut weder ist noch dauerhaft sein wird. Sie kann in manchen Momenten intensiv auftreten und in anderen abklingen. Es ist normal, dass diese Emotion in Wellen im Laufe des Trauerprozesses auftritt. Wichtig ist, sich zu erlauben, sie zu fühlen und gesund damit umzugehen, damit wir im Heilungsprozess vorankommen können.

KAPITEL 5
DAS HANDELN

IN DER SUCHE NACH ANTWORTEN FINDEN WIR DIE KRAFT, DAS UNVERÄNDERBARE ZU AKZEPTIEREN.

Die Trauer ist ein komplexer und oft schmerzhafter Prozess, der zu einer Reihe von schwer zu bewältigenden Emotionen führen kann. Eine dieser Emotionen ist das Handeln, das sich auf den Versuch bezieht, mit dem Schmerz des Verlusts nach Lösungen oder Wegen zu suchen, ihn zu vermeiden.

Das Handeln kann zu verschiedenen Zeitpunkten im Trauerprozess auftreten und ein Versuch sein, den Schmerz und die Trauer zu vermeiden, die mit dem Verlust einhergehen. Es ist eine Möglichkeit, in einer Zeit, in der viele Dinge außer Kontrolle zu sein scheinen, ein Gefühl von Kontrolle zu suchen.

Das Handeln kann sich auf verschiedene Arten manifestieren. Einige Menschen können versuchen, mit Gott oder dem Leben zu verhandeln, damit der geliebte Mensch zurückkehrt oder um den Schmerz zu lindern. Andere können Versprechungen oder Opfer machen, wie zum Beispiel die Verpflichtung, ihre Gewohnheiten zu ändern oder aufmerksamer auf andere Menschen zu achten, im Austausch gegen Linderung des Schmerzes.

Obwohl das Handeln eine vorübergehende Art sein kann, mit dem Schmerz umzugehen, ist es wichtig zu verstehen, dass es letztendlich keine echte Lösung für den Verlust bietet. Der Tod ist ein unvermeidlicher Teil des Lebens, und keine Menge an Verhandlungen oder Handeln kann das ändern.

Es ist wichtig zu bedenken, dass der Trauerprozess für jede Person anders ist und es keine "richtige" Art gibt, damit umzugehen. Einige Menschen können das Handeln als einen natürlichen Teil des Trauerprozesses empfinden, während andere diese Emotion möglicherweise nicht fühlen oder anders erleben.

Es ist jedoch wichtig, dass trauernde Menschen nicht für ihre Emotionen oder Reaktionen beurteilt oder kritisiert werden. Jeder Einzelne muss in seinem eigenen Trauerprozess respektiert und Raum haben, um seine Emotionen ohne Angst oder Scham zu erleben.

Die Therapie kann eine nützliche Möglichkeit sein, mit dem Handeln und anderen schweren Emotionen umzugehen, die im Trauerprozess auftreten können. Ein erfahrener Therapeut kann helfen, die Emotionen der trauernden Person auf sichere Weise zu erkunden und gesunde Bewältigungsstrategien für den Verlust zu finden. Das bedeutet nicht, dass wir aufhören müssen, diejenigen zu vermissen oder dass wir diejenigen, die gegangen sind, vergessen müssen. Im Gegenteil, es geht darum, mit dem Schmerz zu leben und einen neuen Sinn im Leben ohne die Anwesenheit dieser Person zu finden. Das kann Zeit brauchen, ist aber ein wichtiger Schritt auf dem Weg zur Heilung.

Neben der Therapie gibt es andere Möglichkeiten, mit dem Handeln und anderen schweren Emotionen des Trauerns umzugehen. Einige finden es hilfreich, sich auf die positiven Dinge zu konzentrieren, die der geliebte Mensch in ihr Leben gebracht hat, und sich an die guten

Momente zu erinnern, die sie geteilt haben. Andere finden Trost in Aktivitäten, die ihnen helfen, mit ihren Emotionen in Kontakt zu treten, wie das Schreiben eines Tagebuchs oder die Praxis der Meditation.

Letztendlich kann das Handeln ein natürlicher Teil des Trauerprozesses sein, aber es ist wichtig zu bedenken, dass es keine echte Lösung für den Verlust bietet. Es ist wichtig, dass trauernde Menschen Raum und Unterstützung haben, um ihre Emotionen zu verarbeiten und gesunde Möglichkeiten zu finden, mit ihrem Schmerz umzugehen.

KAPITEL 6
DIE DEPRESSION

IN DEN DUNKELSTEN MOMENTEN, DENKEN SIE DARAN, DASS SIE DIE KRAFT HABEN, UM DEM STURM ZU TROTZEN.

Der Verlust eines geliebten Menschen kann eine der schwierigsten Erfahrungen sein, die wir im Leben durchmachen können, es ist verheerend. Es ist natürlich, Traurigkeit, Angst und sogar Depression im Trauerprozess zu empfinden, und jede Person geht mit diesem Prozess auf ihre eigene Weise um. Einige Menschen können diese Zeit leicht durchmachen, während andere das Gefühl haben können, in ein bodenloses Loch zu fallen.

Die Depression ist eines der häufigsten Symptome der Trauer. Sie kann sich auf verschiedene Arten manifestieren, von konstanter Traurigkeit und Verzweiflung bis hin zum Verlust des Interesses an einst angenehmen Aktivitäten. Einige Menschen können auch ein Gefühl der Leere oder des Mangels an Sinn im Leben verspüren.

Es ist wichtig zu verstehen, dass Depression während der Trauer eine natürliche Reaktion auf den Verlust ist und nicht ignoriert oder minimiert werden sollte. Wenn Sie mit Depressionen während der Trauer konfrontiert sind, ist es entscheidend, professionelle Hilfe in Anspruch zu nehmen. Ein Psychologe oder Therapeut kann Ihnen helfen, mit Ihren Gefühlen umzugehen und Fähigkeiten zur Bewältigung der Trauer zu entwickeln.

Depression während der Trauer kann je nach Schweregrad der Symptome und individueller Bedürfnisse auf verschiedene Arten behandelt werden. Die kognitive Verhaltenstherapie ist eine häufige Behandlung, die darauf abzielt, negative Denkmuster und

Verhaltensweisen im Zusammenhang mit Depressionen zu ändern. Eine weitere Herangehensweise ist die interpersonal orientierte Therapie, die sich auf zwischenmenschliche Beziehungen und deren Auswirkungen auf die geistige Gesundheit konzentriert.

Neben der Therapie gibt es andere Dinge, die Sie tun können, um mit Depressionen während der Trauer umzugehen. Es ist wichtig, sich sowohl körperlich als auch emotional um sich selbst zu kümmern. Dazu gehört eine gesunde Ernährung, regelmäßige körperliche Aktivität, das Finden neuer Hobbys, ausreichend Schlaf und das Vermeiden von Substanzen, die die Symptome der Depression verschlimmern könnten.

Es ist auch entscheidend, Unterstützung von Freunden und Familie zu suchen, die Ihnen während dieser schwierigen Zeit helfen können. Sie können Ratschläge geben, aktiv zuhören oder einfach da sein, wenn Sie jemanden zum Reden brauchen.

Das Wichtigste ist, sich daran zu erinnern, dass die Trauer für jede Person ein einzigartiger Prozess ist und es keine festgelegte Frist gibt, um darüber hinwegzukommen. Es ist normal, während dieser Zeit eine Vielzahl von Emotionen zu empfinden, und es kann Höhen und Tiefen auf dem Weg zur Genesung geben. Aber mit professioneller Hilfe, Selbstfürsorge und der Unterstützung von geliebten Menschen ist es möglich, die Depression während der Trauer zu überwinden und einen neuen Sinn im Leben zu finden.

# KAPITEL 7
DIE AKZEPTANZ

IN DER AKZEPTANZ
FINDEN WIR
DIE FREIHEIT,
WEITERZUMACHEN
UND DIE STÄRKE,
UM NEU
ANZUFANGEN.

Wenn wir jemanden verlieren, den wir lieben, ist es üblich, durch eine Phase der Verleugnung, des Zorns, der Trauer und der Depression zu gehen, wie wir in den vorherigen Kapiteln gesehen haben. Wir können uns fragen, warum uns das passiert ist, das Gefühl haben, dass wir diesen Schmerz nicht verdienen oder denken, dass das Leben ungerecht ist. Aber irgendwann müssen wir der Realität ins Auge sehen und mit dem Verlust umgehen.

Die Akzeptanz ist einer der schwierigsten und herausfordernsten Schritte im Trauerprozess. Es ist ein Schritt, der eine lange Zeit dauern kann, da wir oft mit einer Flut von Emotionen umgehen müssen, bevor wir uns an die Realität des Verlustes gewöhnen können. Aber wenn wir diesen Punkt erreichen, können wir Erleichterung verspüren und fühlen, wie eine Last von unseren Schultern genommen wird.

Den Verlust zu akzeptieren, bedeutet nicht, dass wir die Person vergessen, die wir lieben, oder dass wir unseren Schmerz beiseitelegen. Im Gegenteil, es ist ein Prozess, zu verstehen, dass die Person gegangen ist und dass wir einen Weg finden müssen, weiterzumachen. Es ist wichtig zu verstehen, dass der Trauerprozess eine individuelle Reise ist und dass jeder Mensch Zeit braucht, um den Verlust zu akzeptieren.

Es gibt viele Möglichkeiten, mit der Akzeptanz des Verlusts umzugehen. Einige Menschen sprechen lieber über die Person, die gegangen ist, erinnern sich an glückliche Momente und halten ihre Erinnerung lebendig. Andere ziehen es vor, sich neuen Aktivitäten, neuen Hobbys, neuen Beziehungen oder neuen Projekten zu widmen, um ihnen zu helfen, einen neuen Lebenszweck zu finden.

Den Verlust zu akzeptieren, bedeutet auch, sich selbst und anderen zu vergeben. Oftmals können wir uns schuldig fühlen für Dinge, die vor dem Verlust passiert sind, oder wir können Ärger über Situationen empfinden, die wir nicht kontrollieren können. Aber es ist wichtig, daran zu denken, dass uns diese Emotionen nicht dabei helfen, voranzukommen, und dass wir uns selbst und anderen irgendwann vergeben müssen, um inneren Frieden zu finden.

Die Akzeptanz kann ein schwieriger und schmerzhafter Prozess sein, aber sie ist ein wichtiger Schritt, um inneren Frieden und Heilung zu finden. Es ist ein Prozess, in dem wir uns erlauben, Emotionen zu fühlen und zu verarbeiten, damit wir vorankommen und einen neuen Lebenszweck finden können.

Es ist wichtig zu bedenken, dass der Prozess der Akzeptanz Zeit in Anspruch nehmen kann und dass jeder Mensch mit dem Verlust auf seine eigene Weise umgeht. Seien Sie nachsichtig mit sich selbst, suchen Sie Unterstützung, praktizieren Sie Aktivitäten, die Freude bringen, und erlauben Sie dem Trauerprozess, zu einer weniger schmerzhaften Erfahrung zu werden. Mit Zeit, Liebe und Unterstützung ist es möglich, Akzeptanz und Heilung zu finden.

KAPITEL 8

DIE BEDEUTUNG DES ERLAUBENS VON GEFÜHLEN

ERLAUBEN SIE SICH ZU FÜHLEN, DENN IM VERARBEITEN DER GEFÜHLE BEGINNT DIE HEILUNG.

Die Trauer ist ein Prozess, der eine Vielzahl intensiver und widersprüchlicher Emotionen mit sich bringt. Es ist üblich, dass trauernde Menschen Gefühle von Traurigkeit, Wut, Schuld, Angst, Einsamkeit und sogar Erleichterung erleben. Diese Emotionen können sehr intensiv sein, und oft versuchen die Menschen, sie zu unterdrücken oder zu ignorieren, in der Hoffnung, dass dies ihnen helfen wird, sich besser zu fühlen. Die Verleugnung von Emotionen kann jedoch zu langfristigen emotionalen und physischen Problemen führen. Es ist daher wichtig, sich zu erlauben, alle Emotionen zu fühlen, die während des Trauerprozesses aufkommen.

Einige Menschen glauben, dass sie stark sein müssen und sich während der Trauer zusammenhalten müssen, aber das kann schädlich sein. Sich zu erlauben, alle Emotionen zu fühlen, ist ein wichtiger Teil des Heilungsprozesses. Es ist normal, nach dem Verlust eines geliebten Menschen Traurigkeit, Wut, Schuldgefühle und andere negative Gefühle zu empfinden. Diese Gefühle zu ignorieren oder zu unterdrücken, kann die Situation nur verschlimmern.

Die Emotionen anzunehmen und mit ihnen umzugehen, kann schwer sein, ist aber notwendig. Eine Möglichkeit, dies zu tun, besteht darin, zu versuchen, diese Gefühle auszudrücken. Einige Menschen sprechen lieber mit Freunden oder Familie, während andere lieber in einem Tagebuch schreiben oder professionelle Hilfe in Anspruch nehmen. Wichtig ist, einen gesunden Weg zu finden, um die Emotionen auszudrücken und die Gefühle mit jemandem zu teilen, der ohne Urteil zuhören kann.

Neben dem Ausdruck der Emotionen ist es auch wichtig, die Gefühle anzuerkennen und zu validieren. Es ist üblich, dass Menschen sich selbst dafür verurteilen, Wut oder Traurigkeit zu empfinden, aber diese Gefühle sind normal und sollten nicht ignoriert werden. Die Validierung dieser Gefühle kann dem trauernden Menschen helfen, sich weniger isoliert und allein in seinem Leid zu fühlen.

Es ist jedoch wichtig zu bedenken, dass es neben dem Erlauben, alle Emotionen zu fühlen, auch wichtig ist, auf die körperliche und mentale Gesundheit zu achten. Dies kann Aktivitäten wie körperliche Bewegung, Hobbys, Meditation, ausreichend Schlaf und gesunde Ernährung umfassen. Sich um sich selbst zu kümmern, kann helfen, den Stress und die Angst zu reduzieren, die oft mit dem Trauerprozess einhergehen.

Es kann eine Herausforderung sein, gesunde Wege zu finden, um mit den Emotionen umzugehen, aber es ist ein wichtiger Schritt im Heilungsprozess. Es ist wichtig, sich zu erlauben, alle aufkommenden Emotionen ohne Urteil zu fühlen und gesunde Wege zu finden, um mit ihnen umzugehen und sie zu bewältigen. Dies zu tun, kann dem trauernden Menschen helfen, Trost und Bedeutung in seinem Verlust zu finden.

KAPITEL 9

DIE UNTERSTÜTZUNG DER FAMILIE UND DER FREUNDE

NIN DEN LIEBEVOLLEN HÄNDEN DER FAMILIE UND FREUNDE FINDEN WIR TROST UND WÄRME IN SCHWIERIGEN ZEITEN.

Die Unterstützung der Familie und der Freunde ist entscheidend, um den Verlust und den emotionalen Schmerz, der mit dem Verlust eines geliebten Menschen einhergeht, zu überwinden. Wenn wir einen Verlust erleiden, ist es üblich, ein Gefühl der Einsamkeit und Isolation zu verspüren, aber es ist wichtig zu bedenken, dass wir nicht allein sind.

Die nahe stehenden Familienmitglieder und Freunde sind in dieser Zeit unerlässlich. Sie können Trost, emotionale und praktische Unterstützung bieten und sind eine liebevolle Präsenz, die uns hilft, die Herausforderungen des Trauerns zu bewältigen. Durch kleine liebevolle Gesten und eine freundliche Schulter zum Ausweinen können unsere Lieben uns helfen, die Stärke zu finden, um weiterzumachen.

Es ist jedoch wichtig zu bedenken, dass es nicht immer leicht ist, um Hilfe zu bitten, und dass jeder Mensch mit dem Schmerz auf seine eigene Weise umgeht. Einige Menschen ziehen es vor, sich zurückzuziehen und den Schmerz allein zu bewältigen, während andere eine konstante und gegenwärtige Unterstützung benötigen. Unabhängig von dem, was Sie brauchen, ist es wichtig, mit Ihren Lieben zu kommunizieren und ihnen mitzuteilen, wie sie Ihnen helfen können.

Denken Sie daran, dass nahestehende Personen nicht immer wissen, wie sie helfen oder mit unserem Schmerz umgehen können. Daher ist es wichtig, Mitgefühl zu zeigen und zu verstehen, dass jeder Mensch seine eigene Art hat, mit Verlust und emotionalem Schmerz umzugehen. Wenn jemand nicht weiß, was er sagen soll oder wie er sich verhalten soll, ist es wichtig zu bedenken, dass dies nicht bedeutet, dass sie sich nicht kümmern, sondern dass sie mit der Situation so gut umgehen, wie sie können.

Suchen Sie auch Unterstützung in anderen Quellen, wie Selbsthilfegruppen oder Therapie. Diese Werkzeuge können entscheidend sein, um den emotionalen Schmerz zu bewältigen und die Stärke zu finden, um voranzukommen.

Der Trauerprozess ist etwas, dem man sich nicht alleine stellen muss. Es gibt viele Menschen und Ressourcen, die zur Verfügung stehen, um Ihnen zu helfen, den Schmerz zu überwinden und einen neuen Weg zu finden.

KAPITEL 10
DIE BEDEUTUNG DER SELBSTFÜRSORGE

SELBSTFÜRSORGE IST DIE LIEBEVOLLSTE TAT, DIE WIR UNSEREM VERLETZTEN HERZEN SCHENKEN KÖNNEN.

Im Prozess der Trauer vergessen wir oft, auf uns selbst zu achten. Wir sind so sehr auf den Schmerz und das Leiden konzentriert, dass wir unsere eigene Gesundheit und unser Wohlbefinden vernachlässigen. Es ist jedoch entscheidend, während der Trauer auf sich selbst zu achten, um Ihnen zu helfen, diese schwierige Phase zu überwinden.

Fürsorge für sich selbst bedeutet nicht nur, auf die körperliche Gesundheit zu achten, sondern auch auf die mentale und emotionale Gesundheit. Es ist wichtig zu bedenken, dass die Trauer nicht nur unseren Geist, sondern auch unseren Körper beeinträchtigen kann. Es kann schwer sein zu schlafen, zu essen oder sich sogar auf tägliche Aktivitäten zu konzentrieren. Aber es ist wesentlich, Wege zu finden, um diese Schwierigkeiten zu überwinden und auf sich selbst zu achten.

Eine der effektivsten Möglichkeiten, für sich selbst zu sorgen, ist Selbstfürsorge. Dazu gehören Aktivitäten, die Ihnen Freude bereiten und Ihnen ermöglichen zu entspannen, wie zum Beispiel ein Buch zu lesen, einen Film oder eine Serie anzusehen, ein heißes Bad zu nehmen, spazieren zu gehen oder einfach in einer ruhigen Umgebung zu sitzen und zu entspannen. Selbstfürsorge kann auch Meditation oder Yoga umfassen, die Ihnen helfen können, mit sich selbst in Kontakt zu treten und inneren Frieden zu finden.

Es ist auch wichtig, einen gesunden Schlaf- und Ernährungsplan einzuhalten. Während der Trauer kann es schwer sein zu schlafen oder zu essen, aber es ist entscheidend, so gut wie möglich an diesen Routinen festzuhalten. Ausreichender Schlaf und eine gesunde Ernährung tragen zur körperlichen und mentalen Gesundheit bei und liefern Energie, um mit dem emotionalen Schmerz umzugehen.

Eine weitere Möglichkeit, auf sich selbst zu achten, ist die Suche nach emotionaler Unterstützung. Dies kann Gespräche mit Freunden und Familie über Ihre Gefühle, die Teilnahme an Selbsthilfegruppen oder die Suche nach professioneller Hilfe wie Therapie oder Beratung umfassen. Es ist in Ordnung, um Hilfe zu bitten; emotionale Unterstützung kann Ihnen helfen, mit dem Schmerz der Trauer umzugehen.

Schließlich ist es entscheidend, sich Zeit zu nehmen und sich zu erlauben, den Trauerprozess zu durchlaufen. Jeder Mensch hat seine eigene Zeit und Art, mit dem Verlust umzugehen. Drängen Sie sich nicht dazu, schnell "darüber hinwegzukommen", sondern erlauben Sie sich zu fühlen und die Erfahrung des Schmerzes zu machen, in der Gewissheit, dass Sie im Laufe der Zeit Frieden und Heilung finden werden.

Bewusstsein dafür zu schaffen, dass Sie nicht allein sind, und dass es viele Menschen und Ressourcen gibt, die Ihnen helfen können, auf sich selbst zu achten und inneren Frieden zu finden.

KAPITEL 11

DIE TRAURIGKEIT, DIE KOMMT UND GEHT

DIE TRAURIGKEIT IST WIE DIE WELLEN DES MEERES, SIE KOMMT UND GEHT, ABER DU BLEIBST STARK AN DER KÜSTE DEINER EIGENEN KRAFT.

Traurigkeit ist eine der intensivsten Emotionen, die wir fühlen können. Wenn wir uns in einem Trauerprozess befinden, ist es sehr häufig, dass die Traurigkeit sich intensiv und konstant zeigt, dann verschwindet und wieder auftaucht. Es ist wichtig zu verstehen, dass Traurigkeit zu empfinden normal ist und Teil des Heilungsprozesses ist.

Im Trauerprozess geht die Traurigkeit oft mit einem Gefühl der Leere einher. Das Gefühl, dass etwas fehlt, ist konstant und scheint nie zu enden. Zudem empfindet man häufig Verzweiflung und hat Schwierigkeiten, sich auf andere Aktivitäten zu konzentrieren.

Traurigkeit kann sich auch körperlich äußern, wie Körperschmerzen, ständige Müdigkeit, Appetitlosigkeit und Schlaflosigkeit. Diese Symptome sind sehr verbreitet bei Menschen, die einen Trauerprozess durchmachen, und können über einen längeren Zeitraum andauern.

Man sollte verstehen, dass Traurigkeit Teil des Trauerprozesses ist und man sie intensiv durchleben muss, um sie überwinden zu können. Die Verleugnung der Traurigkeit kann den Trauerprozess verlängern und die emotionale Heilung verhindern.

Ein Weg, mit Traurigkeit umzugehen, besteht darin, die Auslöser zu identifizieren, die diese Emotionen auslösen. Vielleicht ist es ein Lied, das uns an die verlorene Person erinnert, ein Gegenstand, der ihr gehörte, oder ein Ort, den wir gemeinsam besuchten. Indem wir diese Auslöser erkennen, können wir uns mental darauf vorbereiten und uns erlauben, die Traurigkeit zu fühlen, wenn sie aufkommt, anstatt sie zu unterdrücken.

Eine andere Strategie ist es, sich auf positive Gedanken und glückliche Erinnerungen an die verlorene Person zu konzentrieren. Anstatt in der Traurigkeit stecken zu bleiben, können wir uns bemühen, uns an die fröhlichen und bedeutungsvollen Momente zu erinnern, die wir mit ihr geteilt haben, was uns etwas Trost bringen kann.

Es ist sehr wichtig, nicht in der Traurigkeit zu versinken und bei Bedarf Hilfe zu suchen. Das Gespräch mit Freunden, Familie oder sogar einem Gesundheitsfachmann kann helfen, mit der Traurigkeit umzugehen und neue Möglichkeiten zu finden, mit dem Verlust umzugehen.

Mit der Zeit kann diese Traurigkeit in eine liebevolle Erinnerung an die verlorene Person umgewandelt werden. Es erfordert Geduld und Selbstfürsorge, um den Schmerz der Trauer zu überwinden.

KAPITEL 12
DIE EWIGE SEHNSUCHT

DIE SEHNSUCHT IST DER BEWEIS, DASS DIE LIEBE NIEMALS STIRBT; SIE LEBT IN JEDER ERINNERUNG.

Wenn wir jemanden Wichtiges in unserem Leben verlieren, kann die Sehnsucht noch intensiver und schmerzhafter werden. Der Verlust eines geliebten Menschen ist eine der schwierigsten Erfahrungen, die wir durchmachen können, und die Sehnsucht ist eine unausweichliche Konsequenz dieses Prozesses. Wenn jemand, den wir lieben, stirbt, vermissen wir die physische Präsenz dieser Person in unserem Leben. Es kann extrem schmerzhaft sein, nicht mehr mit dieser Person sprechen, sie umarmen, ihre Stimme hören oder ihre Berührung spüren zu können.

Die Sehnsucht kann uns in Frage stellen und uns in unseren Gedanken verloren gehen lassen. Es ist jedoch wichtig zu bedenken, dass die Sehnsucht auch ein Beweis für die Liebe ist und dass diese Person unauslöschliche Spuren in unserem Leben hinterlassen hat. Es ist normal, jemanden zu vermissen, der Teil unserer Geschichte war und der so bedeutende Erinnerungen hinterlassen hat. Es ist ein Zeichen dafür, dass die Person ein Erbe hinterlassen hat, das in unseren Herzen lebendig bleibt.

Oftmals lässt uns die Sehnsucht darüber nachdenken, wie schön es wäre, wenn diese Person noch hier wäre. Wir können uns dabei erwischen, wie wir Momente aus der Vergangenheit wiedererleben möchten oder Dinge tun möchten, die wir nicht getan haben, solange die Person noch bei uns war. Es ist wichtig zu bedenken, dass wir die Vergangenheit nicht ändern können und dass der Tod ein unvermeidlicher Teil des Lebens ist. Anstatt sich auf das Fehlen dieser Person zu konzentrieren, müssen wir Wege finden, ihre Erinnerung zu ehren und das Erbe, das sie in unserem Leben hinterlassen hat, am Leben zu erhalten.

Einige Menschen finden Trost darin, Gegenstände aufzubewahren, die der Person gehörten, wie Kleidung, Fotos oder Briefe. Andere bevorzugen es, die Erinnerung an die Person am Leben zu erhalten, indem sie Geschichten und Erinnerungen mit Freunden und Familie teilen. Manche finden auch Trost in Aktivitäten, die die Person mochte, oder engagieren sich in freiwilliger Arbeit, die mit der Sache zusammenhängt, die die Person unterstützte.

Es ist wichtig zu bedenken, dass jeder Mensch auf seine Weise mit der Sehnsucht umgeht und dass es keine richtige oder falsche Art gibt, dies zu tun. Es ist ein einzigartiger und persönlicher Prozess, der Zeit braucht und Sorgfalt und Verständnis erfordert. Es ist wichtig, sich zu erlauben, die Sehnsucht zu spüren und diesen Gefühlen nicht zu widerstehen oder sie zu leugnen. Es ist normal, sich traurig, einsam und manchmal sogar wütend zu fühlen. Aber es ist auch wichtig, Trost und Unterstützung bei den Menschen zu finden, die um uns herum sind.

Wege zu finden, mit der Sehnsucht umzugehen und die Erinnerung an die Person, die gegangen ist, zu ehren, kann im Akzeptanzprozess helfen und dabei helfen, eine neue Bedeutung für das Leben nach dem Verlust zu schaffen. Dies kann auf verschiedene Arten geschehen, wie zum Beispiel das Besuchen von Orten, die für die Person wichtig waren, das Ausüben von Aktivitäten, die sie mochte, oder sogar das Aufbewahren von Gegenständen, die an sie erinnern. Wichtig ist, der Sehnsucht nicht zu entkommen, sondern zu lernen, mit ihr zu leben und sie in etwas Positives zu verwandeln.

Die Sehnsucht wird immer eine ständige Erinnerung an die geliebte Person sein, die gegangen ist, aber sie kann auch ein Ansporn sein, weiter zu leben, zu lieben und das Leben derer zu ehren, die bereits gegangen sind.

KAPITEL 13

DIE SUCHE NACH EINER NEUEN BEDEUTUNG DES LEBENS

IN DER SUCHE
NACH EINER
NEUEN BEDEUTUNG
ENTDECKEN WIR,
DASS DAS LEBEN
FORTFAHRT, UNS
SCHÖNHEIT
UND ZWECKE
ZU ENTHÜLLEN.

In dem Moment, in dem wir jemanden verlieren, den wir lieben, ist es natürlich, dass wir verwirrt sind und nicht wissen, wie es weitergehen soll. Der Schmerz des Verlustes kann überwältigend sein und lässt uns oft den Sinn des Lebens und unseren Platz in der Welt hinterfragen. In dieser Zeit beginnen viele von uns nach einer Neudefinition zu suchen, nach einem Grund, der den Schmerz, den wir empfinden, rechtfertigt.

Diese Suche nach einer Neubedeutung ist ein sehr persönlicher und einzigartiger Prozess, der Zeit in Anspruch nehmen kann und viel Nachdenken und Selbstkenntnis erfordert. Viele Menschen finden Trost in der Religion oder spirituellen Überzeugungen, während andere einen höheren Zweck in ihrem Leben suchen, sei es durch ehrenamtliche Arbeit, Engagement in sozialen Angelegenheiten oder die Schaffung von Projekten, die anderen helfen können, die ähnliche Situationen durchmachen.

Es ist jedoch wichtig zu bedenken, dass die Suche nach einer Neubedeutung des Lebens keine einfache Aufgabe ist und nicht immer klare und endgültige Antworten bringen wird. Während des Trauerprozesses können viele Fragen aufkommen, die uns noch mehr verwirren und ängstigen. Dennoch ist es wichtig, in dieser Suche zu beharren, auch wenn es so aussieht, als ob wir im Kreis gehen, denn durch sie können wir einen neuen Zweck für unser Leben und eine neue Bedeutung des Verlustes finden, den wir erlitten haben.

Einige Menschen finden auch Trost darin, ihre Geschichten mit anderen zu teilen, die ähnliche Erfahrungen gemacht haben. Der Austausch von Erfahrungen kann sehr bereichernd sein und bei der Verständnis des eigenen Trauerprozesses und bei der Entdeckung neuer Wege und Möglichkeiten helfen.

Schließlich ist es wichtig zu bedenken, dass die Suche nach einer Neubedeutung des Lebens keine Aufgabe ist, die allein bewältigt werden sollte. Es ist entscheidend, auf die Unterstützung von Freunden, Familie und qualifizierten Fachleuten wie Psychologen und Therapeuten zählen zu können, die im Prozess der Reflexion und Selbsterkenntnis helfen können und bei der Verarbeitung der Emotionen und Gefühle, die während der Trauer auftreten.

Gemeinsam können wir einen neuen Weg und eine neue Bedeutung für unser Leben nach dem Verlust eines geliebten Menschen finden.

KAPITEL 14
DIE SPIRITUALITÄT

IN DER SPIRITUALITÄT FINDEN WIR EINEN RUHEORT DES FRIEDENS UND DER HOFFNUNG UND ERINNERN UNS DARAN, DASS WIR TEIL VON ETWAS GRÖSSEREM SIND.

Spiritualität ist ein weitreichendes Konzept, das über die Grenzen traditioneller Religionen hinausgeht. Sie bezieht sich auf die Suche nach Bedeutung, Verbindung und Sinn im Leben. Diese Suche kann viele Formen annehmen, angefangen bei der Teilnahme an strukturierten religiösen Praktiken bis hin zur individuellen Erforschung der Spiritualität durch Meditation, Kontemplation oder sogar in Momenten der Stille und Reflexion.

Wenn wir mit dem Verlust eines geliebten Menschen konfrontiert werden, kann die Spiritualität ein Kompass sein, der uns durch das Labyrinth der Emotionen führt, die mit der Trauer einhergehen. Sie bietet eine Möglichkeit, trotz überwältigender Traurigkeit einen Sinn zu finden. Die Spiritualität ermutigt uns, tiefgreifende Fragen über das Leben, den Tod und das, was jenseits dieser irdischen Ebene existieren könnte, zu berücksichtigen.

Der Tod, zweifellos eine universelle Erfahrung, führt uns oft dazu, unsere eigene Existenz in Frage zu stellen. Er erinnert uns an die Vergänglichkeit des Lebens und kann uns dazu bringen zu überlegen, was nach unserem Abschied von dieser Welt geschieht. Die Spiritualität wird zu einer Linse, durch die wir diese Fragen erkunden können, indem sie Trost durch den Glauben an die Fortsetzung der Seele oder an ein spirituelles Dasein nach dem Tod bietet.

Für einige ist die Spiritualität ein sicherer Hafen, in dem sie Antworten auf diese existenziellen Fragen finden. Dies kann ein Gefühl inneren Friedens und Ruhe bieten und einen breiteren Blick auf den Kreislauf des Lebens und des Todes ermöglichen. Darüber hinaus kann die Spiritualität ein Faden sein, der Menschen in einem Gewebe geteilter Überzeugungen verbindet und in Momenten des Verlusts ein Gefühl von Gemeinschaft und Unterstützung schafft.

Es ist jedoch entscheidend zu verstehen, dass Spiritualität keine universelle Allheilmittel ist. Der Trauerprozess ist tief persönlich und komplex. Einige Menschen mögen Trost in der Spiritualität finden, während andere sich unwohl fühlen oder keinen Sinn darin finden können. Jeder hat seinen eigenen Weg zu gehen und seine eigene Art, mit dem Schmerz des Verlusts umzugehen.

Spiritualität ist kein Abkürzung, um die Trauer zu überwinden. Obwohl sie einen Rahmen zur Verständnis und Bewältigung des Verlusts bieten kann, schließt sie die schwierigen Emotionen, die den Prozess begleiten, nicht aus. Trauer, Wut und Leere bleiben auch im spirituellen Rahmen bestehen. Die Spiritualität bietet jedoch Werkzeuge, um diese Emotionen zu navigieren und einen inneren Frieden zu finden, auch wenn die Dunkelheit der Trauer überwältigend erscheint.

Unabhängig davon, wie Spiritualität praktiziert wird, sei es durch religiöse Rituale, Meditation oder jede andere Form spiritueller Verbindung, kann sie eine Quelle der

Unterstützung und des Trostes sein. Sie bietet eine Möglichkeit, diejenigen zu ehren und zu erinnern, die wir verloren haben, während sie uns daran erinnert, dass die Reise der Trauer für jede Person einzigartig ist.

KAPITEL 15
DAS SCHULDGEFÜHL

BEFREIEN SIE SICH
VON DER LAST
DER SCHULD,
DIE HEILUNGSREISE
BEGINNT, WENN
SIE SICH SELBST
VERGEBEN.

Wenn wir mit dem Verlust eines wichtigen Menschen in unserem Leben umgehen, ist es üblich, eine Reihe von intensiven Emotionen zu spüren. Eine davon ist die Schuld, die sich auf vielfältige Weisen manifestieren kann und ein großes Hindernis im Trauerprozess darstellen kann. Lassen Sie uns diese komplexe Emotion erkunden und verstehen, wie wir auf gesunde Weise damit umgehen können.

Schuld ist eine häufige Emotion in der Trauer und kann aus verschiedenen Gründen entstehen. Oftmals haben wir das Gefühl, dass wir etwas hätten tun können, um den Tod des geliebten Menschen zu verhindern. Es könnte sein, dass wir kurz vor seinem Abschied eine Auseinandersetzung mit ihm hatten und uns schuldig fühlen, nicht freundlicher oder liebevoller gewesen zu sein. Oder vielleicht machen wir uns Vorwürfe, nicht genug Zeit mit ihm verbracht zu haben, als er noch am Leben war, oder dass wir nicht genug getan haben, um ihm in schwierigen Zeiten zu helfen.

Unabhängig von der Ursache kann Schuld eine sehr schmerzhafte und zermürbende Emotion sein. Sie kann uns dazu bringen, unsere Entscheidungen in Frage zu stellen und uns unfähig zu fühlen, weiterzumachen. Deshalb ist es wichtig, dass wir lernen, auf gesunde Weise damit umzugehen.

Eine der wichtigsten Dinge, die wir tun können, um mit Schuld umzugehen, ist anzuerkennen, dass sie Teil des Trauerprozesses ist und dass wir nicht alleine sind, wenn wir sie spüren. Viele Menschen, die einen wichtigen

Menschen in ihrem Leben verloren haben, erleben auf die eine oder andere Weise Schuldgefühle, und zu wissen, dass dies der Fall ist, kann dazu beitragen, dass wir uns weniger isoliert fühlen.

Es ist auch wichtig zu verstehen, dass Schuld nicht immer rational oder gerechtfertigt ist. Es kommt häufig vor, dass wir uns für Dinge schuldig machen, die nicht unter unserer Kontrolle waren oder für etwas, das zu dieser Zeit einfach nicht möglich war. In solchen Fällen ist es wichtig, dass wir versuchen, unsere Perspektive zu ändern und die Situation realistischer zu sehen.

Eine weitere Sache, die wir tun können, um mit Schuld umzugehen, ist, mit jemandem zu sprechen, dem wir vertrauen. Dies kann ein Freund, ein Familienmitglied oder ein Fachmann für psychische Gesundheit sein. Über unsere Gefühle und Sorgen zu sprechen, kann dazu beitragen, die Intensität der Schuld zu verringern und uns eine klarere Sicht auf die Situation zu geben.

Es ist auch wichtig, Selbstmitgefühl zu praktizieren und daran zu denken, dass wir fehlbare Menschen sind, die Fehler machen und Herausforderungen bewältigen müssen. Anstatt uns selbst streng zu beurteilen, können wir uns mit Freundlichkeit und Mitgefühl behandeln und erkennen, dass wir unser Bestes tun.

Schließlich ist es wichtig, dass wir lernen, uns selbst und anderen zu vergeben. Vergebung bedeutet nicht, das Geschehene zu vergessen oder den Schmerz zu minimieren, den wir fühlen, sondern vielmehr anzuerkennen, dass wir alle Menschen sind und dass wir, so schwierig es auch sein mag, einen Weg finden können, um voranzukommen und wieder Sinn in unserem Leben zu finden.

Es ist nicht einfach, mit Schuld umzugehen, aber es ist wichtig, dass wir lernen, dies zu tun, damit wir mit unserem Leben weitermachen können und dem Gedächtnis derer, die wir verloren haben, Ehre erweisen können. Schuld kann ein Hindernis sein, aber mit Zeit, Geduld und Liebe können wir sie überwinden und einen neuen Sinn in unserem Leben finden.

KAPITEL 16
DIE ROLLE DER THERAPIE

IN DER THERAPIE ERKENNEN WIR, DASS WIR DIE TRAUER NICHT ALLEINE BEWÄLTIGEN MÜSSSEN; ES GIBT HILFE, DIE UNS HELFEN KANN.

Therapie ist ein kraftvolles Werkzeug, um Menschen in schwierigen Zeiten zu helfen, wie es im Fall der Trauer ist. Die Rolle des Therapeuten ist es, dem Patienten zu helfen, seine Emotionen zu erkunden, gesunde Bewältigungsstrategien für den Verlust zu finden und Fähigkeiten zur Bewältigung von Stress und Angst zu entwickeln.

Einer der größten Vorteile der Therapie ist der sichere Raum, den sie für den emotionalen Ausdruck bietet. Viele Menschen haben Schwierigkeiten, ihre Emotionen mit Freunden und Familienangehörigen zu teilen, aus Angst vor Beurteilung oder Überlastung anderer. Der Therapeut ist ein ausgebildeter Fachmann, der in der Lage ist, mit Emotionen umzugehen und eine einladende und nicht urteilende Umgebung zu schaffen.

Es gibt verschiedene therapeutische Ansätze, die bei der Behandlung von Trauer wirksam sein können. Die kognitive Verhaltenstherapie (CBT) ist beispielsweise ein Ansatz, der dem Patienten hilft, negative Gedanken und Verhaltensweisen zu identifizieren und zu ändern, die zu seinem Schmerz und Leiden beitragen können. Die trauerzentrierte Rekonstruktionsbehandlung (TLRS) ist ein weiterer Ansatz, der darauf abzielt, dem Patienten zu helfen, eine neue Bedeutung für den Verlust zu finden und eine neue Erzählung für sein Leben zu schaffen.

Unabhängig vom gewählten therapeutischen Ansatz ist die Rolle des Therapeuten entscheidend, um dem Patienten beim Umgang mit dem Verlust zu helfen. Der Therapeut kann dem Patienten helfen:

Verständnis und Akzeptanz seiner Emotionen zu erlangen

Oftmals versuchen Menschen, ihre Emotionen in Bezug auf die Trauer zu leugnen oder zu unterdrücken, was zu emotionalen Problemen führen kann. Der Therapeut kann dem Patienten helfen, seine Emotionen zu verstehen und ohne Urteil anzunehmen.

Bewältigungsfähigkeiten für Stress und Angst zu entwickeln

Die Trauer kann eine Zeit großer Belastung und Angst sein. Der Therapeut kann Fähigkeiten vermitteln, um mit diesen Emotionen umzugehen, wie Entspannungstechniken, Meditation und Achtsamkeit.

Identifikation negativer Denkmuster

Die Trauer kann zu negativen Gedanken über sich selbst, andere Menschen und die Welt führen. Der Therapeut kann dem Patienten helfen, diese negativen Denkmuster zu identifizieren und Wege zu finden, sie zu ändern.

Eine neue Bedeutung für den Verlust zu finden

Der Therapeut kann dem Patienten helfen, eine neue Bedeutung für den Verlust zu finden und eine neue Erzählung für sein Leben zu schaffen. Dies kann dem Patienten helfen, mit einer positiveren Perspektive voranzukommen.

Mit Schuld und Bedauern umzugehen

Oftmals empfinden Menschen, die eine Trauer durchmachen, Schuld und Bedauern gegenüber der Person, die gegangen ist. Der Therapeut kann dem Patienten helfen, mit diesen Emotionen umzugehen und Wege zu finden, diese negativen Gefühle loszulassen.

Das Selbstwertgefühl zu verbessern

Die Trauer kann das Selbstwertgefühl des Patienten beeinträchtigen. Der Therapeut kann dem Patienten helfen, ein gesünderes Selbstwertgefühl zu entwickeln, indem er seine Leistungen und Stärken anerkennt.

Neben diesen Vorteilen kann die Therapie auch helfen, mit praktischen und bürokratischen Fragen umzugehen, die nach dem Verlust eines geliebten Menschen auftreten können, wie z.B. Umgang mit Testamenten, Eigentumsfragen und Finanzen. Der Therapeut kann dem trauernden Menschen helfen, diese Fragen effektiv zu bewältigen und emotionalen Beistand während dieses Prozesses zu bieten.

Therapie in der Trauer kann dem trauernden Menschen helfen, einen neuen Sinn und Zweck in seinem Leben nach dem Verlust eines geliebten Menschen zu finden. Der Therapeut kann dem trauernden Menschen helfen, seine Werte, Ziele und Ziele zu erkunden und Wege zu finden, die Erinnerung an den geliebten Menschen zu ehren, während er mit seinem eigenen Leben voranschreitet. Die Therapie kann dem trauernden Menschen helfen, eine neue Identität aufzubauen, sich an Veränderungen im Leben anzupassen und nach dem Verlust Bedeutung und Zweck zu finden.

KAPITEL 17
DIE ÜBERWINDUNG

DIE ÜBERWINDUNG
IST NICHT
DAS ENDE
DES SCHMERZES,
SONDERN DER
BEGINN DES
AUFBAUS EINES
NEUEN LEBENS.

Das Leben kann eine emotionale Achterbahnfahrt sein, mit Höhen und Tiefen, Momenten der Freude und der Trauer. Zu irgendeinem Zeitpunkt durchleben wir alle Schwierigkeiten und Herausforderungen, die unüberwindbar erscheinen. Wenn wir mit widrigen Umständen konfrontiert werden, ist es normal, sich verloren, verzweifelt und hoffnungslos zu fühlen. Die Überwindung ist jedoch möglich und kann eine der bereicherndsten Erfahrungen im Leben sein.

Die Überwindung ist die Fähigkeit, den Herausforderungen des Lebens zu begegnen und sie zu überwinden. Es ist der Prozess der emotionalen, mentalen und körperlichen Genesung nach einer herausfordernden Situation. Obwohl die Überwindung schwierig erscheinen kann, ist sie möglich und kann mit den richtigen Werkzeugen erreicht werden.

Um eine Herausforderung zu überwinden, ist es entscheidend, die Situation anzunehmen und zu verstehen, in der man sich befindet. In vielen Fällen kann die Leugnung ein Hindernis für die Überwindung sein. Es ist üblich, die Realität zu leugnen und zu versuchen, das Problem zu ignorieren, aber die Wahrheit ist, dass die Leugnung den Schmerz verlängern und den Heilungsprozess verzögern kann. Stattdessen ist es wichtig, die Situation anzuerkennen und sich zu erlauben, alle Emotionen zu fühlen, die sie mit sich bringt.

Sich zu erlauben, Emotionen zu fühlen, ist eine der wichtigsten Dinge, die wir tun können, wenn wir mit Widrigkeiten konfrontiert sind. Schmerz, Trauer, Wut und Angst sind natürliche Emotionen und Teil des Heilungsprozesses. Es ist wichtig, sich diese Emotionen zu erlauben und sie auf gesunde Weise auszudrücken, sei es durch Schreiben, Kunst, Musik oder Therapie. Es gibt keine magische Formel, um mit Emotionen umzugehen, aber es ist wesentlich zu verstehen, dass es normal ist, traurig, wütend oder ängstlich zu sein, und dass diese Emotionen Teil des Überwindungsprozesses sind.

Ein weiterer wichtiger Punkt, um eine Widrigkeit zu überwinden, ist die Suche nach Unterstützung von Familie, Freunden und Fachleuten im Bereich der psychischen Gesundheit. Es ist kein Zeichen von Schwäche, um Hilfe zu bitten, und es ist entscheidend zu verstehen, dass niemand eine Herausforderung alleine bewältigen kann. Emotionale Unterstützung kann helfen, den Schmerz und die Einsamkeit zu lindern und ein Netzwerk emotionaler Unterstützung zu bieten.

Darüber hinaus kann die Suche nach angenehmen Aktivitäten auch im Überwindungsprozess helfen. Etwas zu tun, was wir mögen, kann ein Gefühl der Normalität bringen und helfen, den Geist von Schmerz abzulenken. Dies kann Hobbys, körperliche Aktivitäten, ehrenamtliche Arbeit oder andere Aktivitäten umfassen, die Freude und Zufriedenheit bringen.

Die Überwindung ist kein linearer Prozess und kann Höhen und Tiefen haben. Es ist wichtig zu bedenken, dass die Genesung kein Wettlauf ist, sondern eine persönliche Reise. Manchmal mag es scheinen, als ob wir einen Schritt nach vorne machen und zwei zurück, aber das ist normal und Teil des Prozesses. Die Überwindung ist eine Fähigkeit, die erlernt und geübt werden kann, und sie kann ein Gefühl der Erfüllung und Stärke bringen.

Schließlich ist es entscheidend zu verstehen, dass Überwindung nicht bedeutet, dass der Schmerz völlig verschwindet. Das Ziel ist es nicht, die Widrigkeit zu vergessen, sondern ihr eine neue Bedeutung zu geben und eine neue Lebensgeschichte darauf aufzubauen. Die Überwindung ist ein fortlaufender Prozess mit Höhen und Tiefen, Fortschritten und Rückschritten. Es erfordert Geduld und Mitgefühl mit sich selbst und das Zulassen der Emotionen, die während des Weges auftauchen.

KAPITEL 18

DAS ERBE

DAS ERBE DERJENIGEN, DIE WIR LIEBEN, LEBT IN UNSEREN TATEN WEITER UND INSPIRIERT UNS, AUF BEDEUTUNGSVOLLE WEISE ZU LEBEN.

Das Erbe der Trauer wird oft während des Schmerz- und Leidensprozesses vergessen oder vernachlässigt. Es ist jedoch wichtig zu bedenken, dass die Trauer ein positives und bedeutungsvolles Erbe in unserem Leben hinterlassen kann.

Erstens lehrt uns die Trauer etwas über unsere eigene Widerstandsfähigkeit und innere Stärke. Wenn wir schwierige Zeiten durchmachen, sind wir oft überrascht von unserer Fähigkeit, mit Schmerz umzugehen und Schwierigkeiten zu überwinden. Die Trauer kann uns dies beweisen, indem sie zeigt, dass wir in der Lage sind, mit etwas umzugehen, was zuvor unmöglich erschien.

Darüber hinaus kann uns die Trauer etwas über die Bedeutung unserer Beziehungen und Verbindungen zu anderen Menschen lehren. Wenn wir jemanden verlieren, den wir lieben, erkennen wir oft, wie viel diese Person für uns bedeutet hat und wie sehr unser Leben von ihr beeinflusst wurde. Dies kann dazu führen, dass wir unsere Beziehungen noch mehr schätzen und bewusster und liebevoller in sie investieren.

Ein weiteres positives Erbe der Trauer ist die Entwicklung von mehr Empathie und Mitgefühl für andere. Wenn wir einen Verlust erleiden, wissen wir, wie schwer das sein kann und wie überwältigend der Schmerz sein kann. Dies hilft uns, das Leiden anderer besser zu verstehen und sensibler und mitfühlender mit ihren Schmerzen und Schwierigkeiten umzugehen.

Darüber hinaus kann uns die Trauer etwas über die Bedeutung der Pflege unserer geistigen und emotionalen Gesundheit lehren. Wenn wir einen Verlust erleiden, fühlen wir uns oft verloren, ängstlich und deprimiert. Dies kann uns dazu bringen, professionelle Hilfe zu suchen und neue Wege zu finden, wie wir für uns selbst und unser emotionales Wohlbefinden sorgen können.

Schließlich kann das Erbe der Trauer die Schaffung neuer Bedeutungen und Zwecke in unserem Leben sein. Wenn wir jemanden verlieren, den wir lieben, stellen wir uns oft Fragen über den Sinn des Lebens und unseren Zweck. Diese Reflexion kann zu bedeutsamen Entdeckungen und Errungenschaften führen, wie zum Beispiel einer beruflichen Veränderung, der Suche nach neuen Beziehungen oder dem Engagement für eine Sache, die uns wichtig ist.

KAPITEL 19
DIE HOFFNUNG

AUCH IN DEN DUNKELSTEN MOMENTEN IST DIE HOFFNUNG DAS LICHT, DAS UNS AUF UNSERER HEILUNGS- UND ERNEUERUNGSREISE LEITET.

Das Leben ist eine Reise voller Höhen und Tiefen, und manchmal können wir uns verloren und hoffnungslos fühlen. Situationen wie der Verlust eines geliebten Menschen, das Ende einer Beziehung oder berufliche Rückschläge können uns erschüttern und entmutigen. Es ist jedoch wichtig zu bedenken, dass es immer ein Licht am Ende des Tunnels gibt, und die Hoffnung ist das, was uns weitermachen lässt.

Die Hoffnung ist ein mächtiges Gefühl, das uns hilft, den Glauben zu bewahren und daran zu glauben, dass sich die Dinge verbessern werden. Sie ermöglicht es uns, über die aktuellen Schwierigkeiten hinauszuschauen und das Vertrauen zu haben, dass bessere Tage kommen werden. Es ist ein Gefühl, das uns motiviert und hilft, weiter zu kämpfen, auch wenn die Dinge unmöglich erscheinen.

Aber wie können wir die Hoffnung in unserem Leben pflegen? Ist es möglich, zu lernen, auch in schwierigen Situationen Hoffnung zu haben? Die Antwort ist ja. Es gibt Strategien und Praktiken, die uns helfen können, dieses Gefühl in uns zu nähren.

Die erste davon ist, zu lernen, mit negativen Emotionen umzugehen. Wenn wir uns in einer schwierigen Situation befinden, ist es natürlich, Emotionen wie Trauer, Wut und Frustration zu empfinden. Wenn wir jedoch nicht wissen, wie wir mit diesen Emotionen umgehen sollen, können sie sich in Gefühle von Hoffnungslosigkeit und Hilflosigkeit verwandeln. Es ist wichtig, sich zu erlauben, diese Emotionen zu fühlen, aber es ist auch wichtig zu lernen, wie man gesund damit umgeht. Die Therapie kann eine großartige Möglichkeit sein, um zu lernen, mit den negativen Emotionen umzugehen und positive Wege zu finden, sie auszudrücken.

Eine andere Strategie, um Hoffnung zu pflegen, ist, Dankbarkeit zu lernen. Auch in schwierigen Situationen gibt es immer etwas, wofür wir dankbar sein können. Es kann etwas Einfaches sein, wie ein Dach über dem Kopf zu haben oder Freunde und Familie zu haben, die uns lieben. Wenn wir lernen, diese Dinge zu schätzen, ändert sich unsere Perspektive, und wir beginnen, die Dinge positiver zu sehen. Dankbarkeit ist ein mächtiges Werkzeug, um die Hoffnung in unserem Leben zu pflegen.

Wenn wir durch eine schwierige Zeit gehen, kann es schwer sein, eine bessere Zukunft zu sehen. Es ist jedoch wichtig, realistische Ziele zu setzen, die es uns ermöglichen, einen Weg nach vorne zu sehen. Diese Ziele müssen nicht groß oder komplex sein, sie können einfache Dinge sein wie der Beginn eines neuen Hobbys oder die Einschreibung in einen Studiengang. Wenn wir realistische Ziele haben, haben wir etwas, wofür wir kämpfen können, und das hilft uns, die Hoffnung zu bewahren.

Schließlich ist es wichtig, Unterstützung von Freunden und Familie zu suchen. Einsamkeit kann uns verzweifelt und hoffnungslos fühlen lassen. Wenn wir uns mit anderen Menschen verbinden, finden wir emotionale Unterstützung, die uns hilft, in schwierigen Zeiten die Hoffnung zu bewahren. Außerdem hilft es, von positiven und liebevollen Menschen umgeben zu sein, um eine positive Perspektive zu bewahren und zu glauben, dass bessere Tage kommen werden.

FAZIT

Die Trauer ist eine der schmerzlichsten Erfahrungen, die wir im Leben machen können. Es ist eine Reise, die jeder von uns irgendwann durchmacht, aber jeder Mensch erlebt sie auf einzigartige Weise. Es ist wichtig zu bedenken, dass es keinen richtigen oder falschen Weg gibt, mit der Trauer umzugehen, und dass jeder das Recht hat, sie auf eine Weise zu verarbeiten, die für ihn gesund und bedeutsam ist.

In diesem Buch erforschen wir, was Trauer ist, die verschiedenen Phasen des Trauerprozesses und einige Möglichkeiten, auf gesunde Weise mit der Trauer umzugehen. Ich hoffe, dass dieses Buch denen, die trauern oder jemandem helfen, der trauert, etwas Orientierung und Trost geboten hat.

Denken Sie daran, dass es wichtig ist, sich zu erlauben, Ihre Emotionen zu fühlen und Unterstützung von anderen zu suchen, sei es in einer Selbsthilfegruppe, bei Freunden und Familie oder bei einem professionellen Gesundheitsdienstleister.

Sich um sich selbst zu kümmern und gesunde Bewältigungsstrategien für die Trauer zu finden, kann Ihnen helfen, nach dem Verlust eines geliebten Menschen Sinn und Zweck im Leben zu finden.

Sie sind nicht allein, und es gibt immer Hoffnung auf Heilung und Genesung. Trauer kann eine schwierige Reise sein, aber sie bietet auch die Möglichkeit zu wachsen und einen tieferen Sinn in unserem Leben zu finden.

Mit Zuneigung und Dankbarkeit,

Leonardo Tavares

ÜBER DEN AUTOR

Leonardo Tavares ist der Autor des Buches "Trauter Überleben". Im Alter von 36 Jahren, Vater eines wunderschönen 4-jährigen Mädchens, wurde er Witwer, nachdem seine Frau an einem seltenen Mediastinumkrebs verstorben war. Sie war erst 27 Jahre alt, gerade erst volljährig geworden.

Der Schmerz des Verlustes ist etwas, das Leonardo zutiefst kennt und durch seine persönlichen Erfahrungen hat er gelernt, wie wichtig es ist, sich zu erlauben, alle Emotionen zu fühlen, die während des Trauerprozesses aufkommen. Er weiß, wie schwer es ist, mit der Sehnsucht und dem Schmerz umzugehen, den der Verlust mit sich bringt, und deshalb hat er sich entschlossen, anderen Menschen zu helfen, diese Phase ihres Lebens zu durchleben.

Mit seiner klaren und präzisen Schreibweise hilft Leonardo seinen Lesern, Stärke, Mut und Hoffnung in Momenten tiefer Trauer zu finden.

Helfen Sie anderen Menschen, indem Sie dieses Werk teilen.

LEONARDO TAVARES

Trauer
überleben

www.ingramcontent.com/pod-product-compliance
Lightning Source LLC
LaVergne TN
LVHW041615070526
838199LV00052B/3154